Ramona Jakob

FREIBURG · BASEL · WIEN

1. **Aus dem Tiefschlaf** hochschnellen, wenn zwei Zimmer weiter ein Filzstift auf der Tapete quietscht.

2. **In zehn** dünnen Härchen mindestens zwanzig lustige Spangen unterbringen.

3. **Im Bus** eine diplomatische Antwort auf die Frage finden, »Mama, warum ist die Frau so dick?« oder »Mama, warum stinkt der Mann so?«

4. **Wissen, dass** zwei Schluck Saft genügen, um eine lange Autofahrt hundert Mal zu unterbrechen.

5. *An den Spuren* auf dem Pulli lesen, was es wirklich als Pausensnack gab.

6. *Kapieren, dass* kein Kinderkopf zu groß ist, um zwischen zwei Geländerstäben hindurchzupassen.

7. **Beim Elternabend** auf winzigen Kinderstühlen ausharren, ohne einzelnen besserwisserischen Supermamis und -papis an die Gurgel zu springen.

8. **Cool bleiben,** wenn Junior mitten in einer Besprechung anruft und fragt, wie man die Luftballons in Papas Nachtschrank aufbläst.

9. **Nie müde werden,** zu versichern, dass Karotten groß und stark machen und Pommes klein und dick.

10. *In Windeseile* ein fantasievolles Kostüm zaubern.

11. *Die verdächtige Stille* im Kinderzimmer richtig deuten.

12. **Den selbst gebastelten Stifthalter** aus Toilettenpapierrollen tapfer auf dem Büroschreibtisch platzieren.

13. **In fünfzig verschiedenen** Tonlagen »Nein« sagen.

14. **Morgens um zwei** Monster aus dem Kinderzimmerschrank vertreiben.

15. **Jeden Abend** die Geschichte von Karius und Baktus so erzählen, als sei es das erste Mal.

16. **Dem Klassenlehrer** im Brustton der Überzeugung versichern: »Ja, das ist meine Unterschrift.«

17. **Telefonieren,** Zwiebeln schälen, die Lippen nachziehen, den Geschirrspüler ausräumen, die Kinder zum Aufräumen bewegen – gleichzeitig!

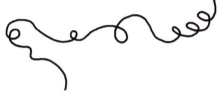

18. Den ersten Liebeskummer als das nehmen, was er ist: eine Tragödie.

19. *Gelassen bleiben,* wenn der Nachwuchs gerade herausgefunden hat, wie weit sich die Bügel der neuen Sonnenbrille biegen lassen.

20. *Auf Ausflügen* immer ein trockenes Brot für unvermutet auftauchende Enten oder Rehe dabei haben.

21. *Sämtliche Wege kennen,* auf denen eine Erbse in den Körper gelangen kann.

22. *Blaue Flecken* einfach wegküssen.

23. **Zu Tränen** gerührt sein, wenn das Kind in der ersten Theatervorführung mitspielt – egal ob als Dornröschen, Frosch oder Dornenhecke.

24. **Jeden Streit** schlichten, ohne dabei selbst einen anzufangen.

25. **Unterscheiden können,** ob Bauchschmerzen echt sind oder es die Angst vor der Klassenarbeit ist.

26. ***Fest daran glauben,*** dass die Pubertät nur eine Phase ist.

27. ***Im überfüllten*** ICE ohne Scham dem schreienden Baby Schlaflieder singen – von Hamburg bis München.

28. ***Schneller*** als jeder Diplom-Ingenieur den Inhalt eines Überraschungseies zusammen bauen.

29. **Locker bleiben,** wenn die Schwiegermutter fragt: »Meinst du, das ist gut fürs Kind?«

30. **Der Versuchung** widerstehen, Benjamin Blümchen den Rüssel umzudrehen, weil sein »Törööö!« schon seit Stunden durchs Auto röhrt.

31. *Strafende Blicke* ignorieren, wenn sich das Kind im Supermarkt kreischend auf den Boden wirft.

32. *Trotz alledem* das Leben mit niemandem tauschen wollen.

33. *Rund-um-die-Uhr-* Rechtsprechung in Takt halten.

34. Alle Tricks kennen, mit denen sich Augenringe kaschieren lassen.

35. **Den Grundschullehrplan** abrufbereit haben – zur Entlastung der Lehrerin und Freude der Eltern am Mittag.

36. **Toleranz gegenüber** überforderten Lehrerinnen aufbringen, die Jungen unterrichten müssen.

37. **Toleranz gegenüber** gleichgültigen Klasseneltern mit Kratzfüßen und Verbeugungsbuckel gegenüber Lehrerinnen zeigen.

38. *Eine kinderärztliche* Grundausbildung für den Notfall vorweisen.

39. **Gummibärchen,** Rescuedrops und die kleine homöopathische Hausapotheke immer einsatzbereit im Handtäschchen neben den Beschäftigungsspielen und Pixibüchern bei sich tragen.

40. **Immer wieder** neue Outdoor- und Abenteuerevents ausdenken und Spaß daran haben.

41. *Auch noch beim Verabschieden* von 13 Kindern nach dem Kindergeburtstag lächeln und beteuern, dass der Tag richtig Spaß gemacht hat.

42. *Expertisen in Waffel- und Pfannkuchenkreationen* sowie hand-und hausgemachten Nudeln aufweisen.

43. *Aus den wundervoll* bunten Strichen eines Dreijährigen erkennen, dass es sich hierbei um ein Düsenflugzeug handelt.

46. *Jedes Lied*
aus dem Kindergarten
sofort erkennen und
mitsingen.

44. **Immer noch** ganz lieb lächeln und den Kleinen loben, wenn er wieder beim Kochen helfen wollte und jetzt der Küchenboden gewischt werden muss.

45. **Am Telefon,** während einer Besprechung, genau erkennen, dass er uns ein blaues (nicht rotes) Auto zeigt, welches er soeben gebastelt hat.

47. **Kleine Giraffen** aus dem Toast-
brot ausschneiden, damit das Ich-hab-keinen-
Hunger-Kind etwas isst.

48. **Karotten schnippeln** für die
Suppe, um sie anschließend wieder mit viel
Mühe und Not herauszufischen, weil das Kind
das eklige Zeug nicht mag.

49. **Auf dem Klettergerüst** bis
nach oben klettern, um im Notfall das Kind vor
dem Sturz in die Tiefe zu retten.

Warum?

Warum?

Warum?

Warum?

Warum?

50. *Die hundert-fünfzigste* Warum-Frage ruhig und mit bestem Wissen beantworten.

Warum?

Warum?

Warum?

Warum?

51. *Die schönsten* Prinzessinnen malen.

52. *Drachen* an die Wand zeichnen vor denen man keine Angst haben muss.

53. *Bei der »Gute-Nacht-Geschichte«* nicht vor dem Kind einschlafen.

54. *Ehrlich verlieren*

und sich darüber freuen.

55. *Beim »Wer-kann-am-längsten-auf-dem-Boden-liegen-, ohne-sich-zu-bewegen«-* Wettbewerb gewinnen.

56. *Beim »Wer-kann-am-längsten-auf-einem-Bein-hüpfen«-* Wettbewerb verlieren.

57. **25 Kilogramm** ins Hochbett stemmen.

58. **Minifingernägel** in glitzerrot anmalen, ohne dabei den Rest des Fingers einzusauen.

59. **Fußnägel schneiden,** ohne jemanden zu verletzen und das, obwohl es jedes Mal so kitzelt.

60. **Jeden Tag** begeistert Nudeln verzehren, weil es das Lieblingsessen der Kinder ist.

61. **Mit den Kindern** im Wald spazieren und mit ihnen die Leidenschaft teilen, auf allen Vieren am Boden nach Schnecken, Würmern und Käfern zu suchen.

62. *DJ Ötzi's Song* »Ein Stern, der deinen Namen trägt« bereits auswendig kennen, weil der Sohn ja das Lied soooo schön findet, vor allem, wenn Mama es singt.

63. **Indoor-Camping**-Zelte aus Decken basteln, nur weil der Kleine krank geworden ist und nicht mit Oma und Opa fahren konnte.

64. **Auf Legoplatten** durch das Wohnzimmer schlittern, dabei eine gute Figur machen und sich nicht verletzen.

65. *Ein Puzzle* zum tausendsten Mal zusammenlegen und sich immer wieder darüber freuen, als wäre es zum ersten Mal gelungen.

66. *Geduldig erklären,* warum wir im Winter nicht barfuß gehen und im Sommer keinen Skianzug anziehen.

67. **Sich an Elternabenden outen,** weil man keine Super-Bastelfähigkeiten hat und die Schultüte einfach kaufen will.

68. **Sich nicht outen** und trotz Bastelunfähigkeit die schönste Schultüte der Klasse basteln.

69. **Im überfüllten Terminkalender** immer noch ein Plätzchen für die zwanzigste Schulveranstaltung finden.

70. **Intuitiv** den wichtigen Zettel im Schulranzen finden, den das Kind vergessen hat.

71. **Der elften Mutter** zustimmen, dass ein extra Obstkorb etwas Tolles ist, aber man einfach keine Zeit mehr findet, um zwischen gemeinsamem Frühstück, Geburtstagskuchen, Mittagessen und einer Nachmittagsbrotzeit noch Obst zu schnippeln und zu essen.

72. *Jeden Herbst* noch etwas Neues aus Kastanien basteln.

73. *Allen Kindern gleichzeitig* zuhören, dabei gerecht sein und von allen geliebt werden.

74. *Vätern beibringen,* dass Erziehung und Fürsorge nichts mit Alimenten zu tun hat.

75. **Die Kinder** während des Telefonierens davon abhalten:
- einen Kopfsprung vom Sofa zu machen
- die Bank im Flur umzuwerfen
- den Temperaturregler an der Waschmaschine von 30 auf 90 Grad hochzudrehen
- mit der Gießkanne nicht nur die Pflanzen, sondern auch den Teppich im Wohnzimmer zu gießen

... und dabei trotzdem ganz gelassen zu bleiben und gelegentliche Schreie mit einem witzigen Kommentar zu begleiten.

76. **Ernst bleiben,** wenn der Junior im Brustton der Überzeugung verkündet, dass er sicher ist, dass seine Geschichtslehrerin bei der Monster AG mitgemacht hat.

77. *Heulen vor lauter Glück,*
wenn der Nachwuchs nach dem Stress sagt:
»Mama, ich liebe dich.«

© Verlag Herder GmbH, Freiburg im Breisgau 2010
Alle Rechte vorbehalten
www.herder.de
Gesamtgestaltung: Karin Huber, creativ connect
Herstellung: L.E.G.O. Olivotto S.p.A., Vicenza 2010
Gedruckt auf umweltfreundlichem, chlorfrei gebleichten Papier
Printed in Italy
ISBN 978-3-451-30318-0